VOUS ÊTES ICI

ISBN : 9782364781276

52, boulevard Malesherbes - 75008 Paris
www.editions-ipanema.fr

J'AI LE SEUM

LE GUIDE INDISPENSABLE POUR LES PARENTS QUI SOUHAITENT COMMUNIQUER AVEC LEURS ADOS (ET VICE-VERSA)

LES EDITIONS IPANEMA

SOMMAIRE

PROLOGUE

La simple évocation de certaines destinations déchaîne des torrents de fantasmes exotiques... Et d'autres pas du tout. L'adolescence, par exemple. Pour y avoir séjourné au moins une fois, n'importe quel adulte sait à quel point ce pays est un « Mordor existentiel ». C'est loin, cher, pas forcément beau, les conditions d'hygiène y sont douteuses et l'autochtone assez peu avenant quand il n'est pas carrément hostile.

C'est donc aux voyageurs perdus en ce territoire inconnu par nature (sa devise, pour rappel, est : « Ça va, c'est bon, tu peux pas comprendre ! ») que ce guide s'adresse. Bien que son peuple soit séculaire et sa géographie particulièrement répandue, l'Adolescence est un pays dont l'existence officielle remonte au XIXe siècle et qui – depuis sa création – connaît une crise perpétuelle. Le refus systématique des règles et la remise en cause permanente de toute autorité en font un État en situation politique et sociale instable. La révolte y gronde mais, fort heureusement, ses partisans sont généralement trop fatigués pour y consacrer plus d'un quart d'heure.

D'une façon ou d'une autre, les voyageurs en partance pour l'Adolescence s'y rendent de leur plein gré et ont pris leurs billets depuis un bail. En revanche, ils n'ont peut-être pas assez préparé leur voyage. Codes sociaux, culture, nourriture, habitudes quotidiennes et surtout langage en évolution permanente, on fait un petit tour dans ce charmant pays où le sébum coule à flots, où l'hormone est en croissance, et où la langue est très étrange.

LA COMPOSITION CHIMIQUE DU KEUM

De quoi est fait un jeune ?
Une illustration vaut parfois mieux qu'un long discours :

ESPOIR 0,5 %

VIDE
(DONT LE REMPLISSAGE ATTENDRA UN PEU) 25 %

MATIÈRE LIBIDINEUSE 35 %

GRAISSES SATURÉES
(EN RAISON D'UN RÉGIME ALIMENTAIRE NÉO-GREC) 11 %

PIPI, CACA, PROUT
(BAH OUI, C'EST QUAND MÊME ENCORE UN ENFANT !) 13 %

ZONE INCONNUE 0,5 %

MOU
(SURTOUT DU GENOU) 9 %

C'EST BON, ÇA VA QUOI ! 3 %

MICROBES, BACTÉRIES, ACARIENS, CHAMPIGNONS, URTICAIRE, ÉRUPTIONS INFECTIEUSES (EN RAISON D'UN LAISSER-ALLER HYGIÉNIQUE PASSAGER – OU PAS) 3 %

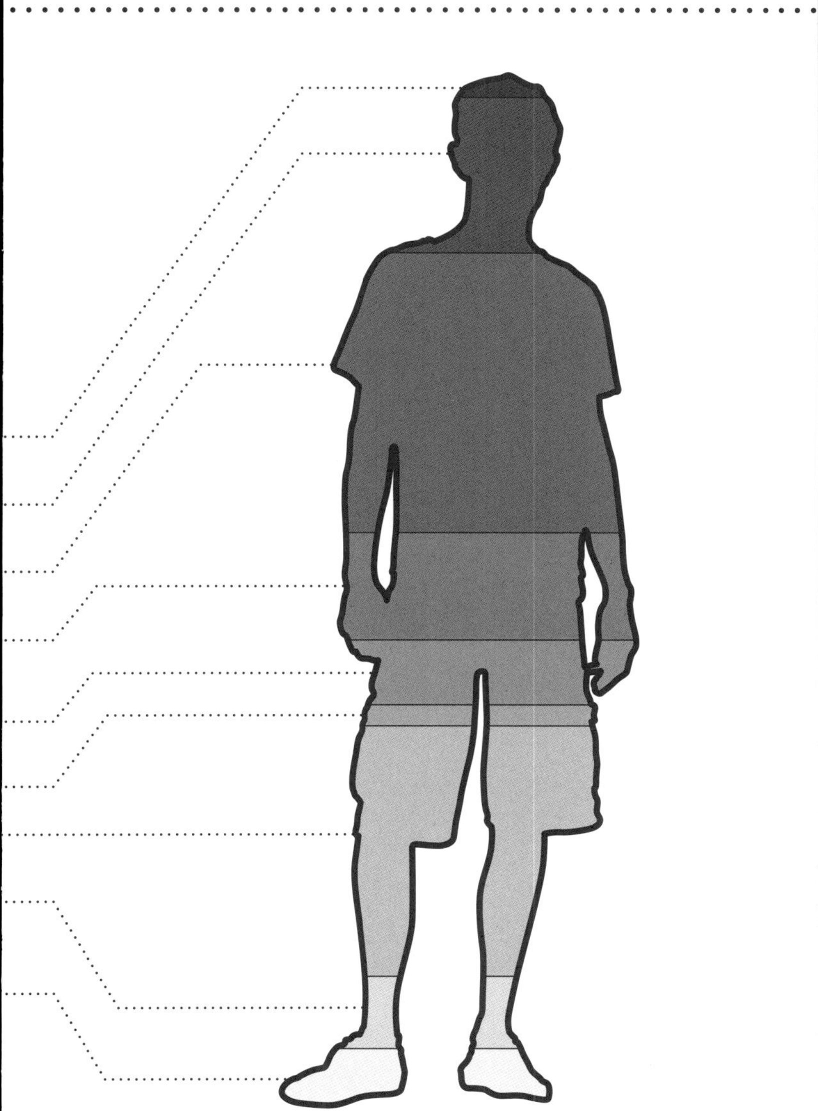

LA COMPOSITION CHIMIQUE DE LA MEUF

De quoi est faite une jeune ?

Une illustration vaut parfois mieux qu'un long discours :

CHEVEUX
(TOUCHE PAS À MES CHEVEUX !) **5 %**

PAILLETTES
(PARCE QUE LES FILLES, C'EST DES PRINCESSES) **5 %**

PLUMES DE CANARD
(À FORCE DE FAIRE DES DUCKFACES) **5 %**

ESPOIR
(UN JOUR SON PRINCE VIENDRA) **15 %**

GOSSIP
(NE JAMAIS CONFIER UN SECRET) **20 %**

RÉGIME PERPÉTUEL DE PÂTE À TARTINER
(PARCE QUE C'EST TROP BON !) **5 %**

ÉBULLITION
(LES HORMONES S'AGITENT) **10 %**

PACKAGING
(MAQUILLAGE, FRINGUES, VERNIS… TOI-MÊME TU SAIS) **30 %**

MAIS ARRÊTEUUUUH !
(TOUT LES AGACE) **5 %**

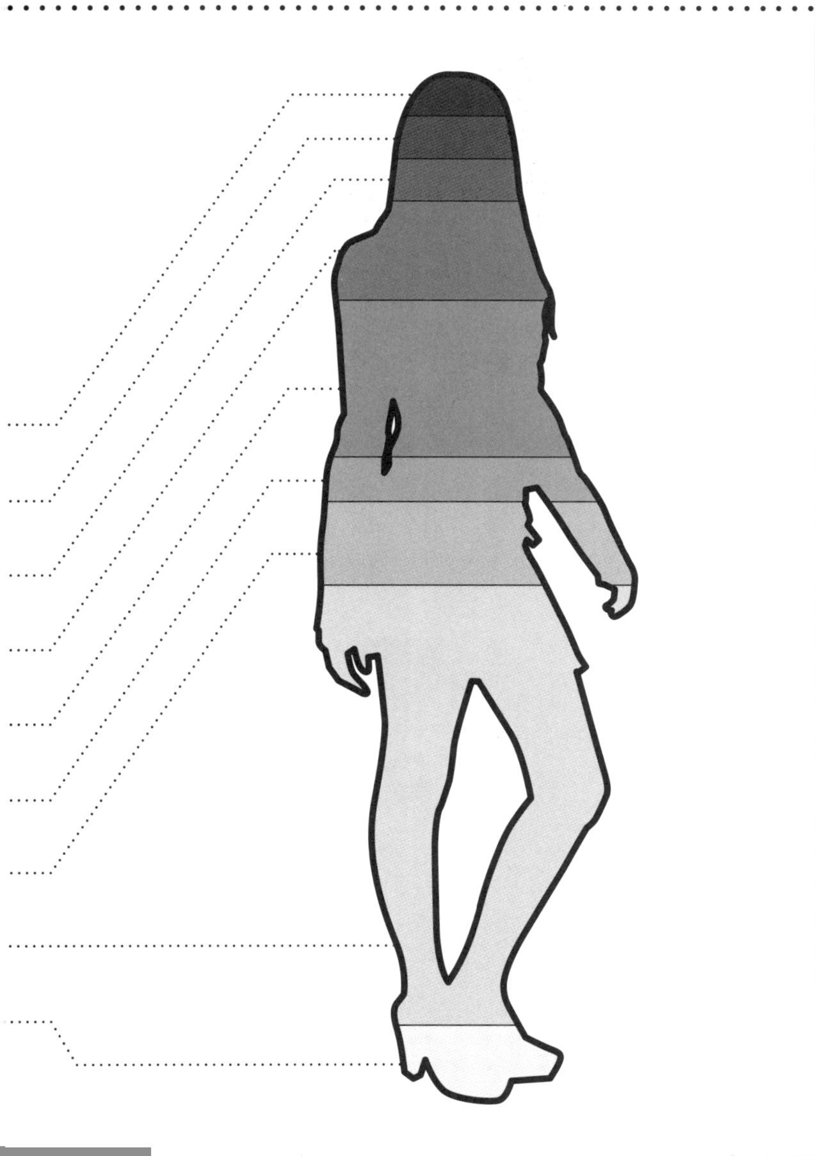

SA VA ?

#1

Autant commencer par le commencement.
Le « sa va ? » du jeune est le « ça va ? »
d'avant mais customisé…

Oui le « s » étant plus stylé, il donne un swag supplémentaire à la question. Et si le jeune se soucie moins des règles (orthographe, conduite, hygiène…), il s'enquiert par contre toujours autant de l'état de santé de ses congénères.

AVOIR LE SWAG

#2

Mais oui amis voyageurs, ce mot-là vous le connaissez, ce qui prouve à quel point il est déjà complètement ringard. Il peut néanmoins être encore entendu dans certaines tribus, ce pourquoi « swag » figure dans ce guide… L'origine du mot reste obscure, mais la théorie selon laquelle il serait l'acronyme de *secretly we are gay* (secrètement nous sommes gays) a été démentie. **Donc si l'ado en face de vous « a le swag », c'est qu'il associe classe et cool attitude.** Il n'a donc aucun message a vous transmettre sur sa sexualité en devenir.

Z z z

ASKIPARAÎT

#3

Pour des raisons que la médecine nous explique par des variations hormonales, il se trouve que l'ado est une

FORMIDABLE FEIGNASSE.

À ses yeux, tout n'est qu'épreuve, même finir ses mots. Par exemple « à ce qu'il paraît » étant une expression bien trop pénible à prononcer vu ses maigres ressources, il préférera se contenter de « askip ». Question de vie ou de mort, faut comprendre.

J'AI LE SEUM

#4

Autant vous familiariser avec ce terme car l'ado, le seum, il l'a souvent. Pour le réchauffement climatique autant que pour la mise à jour de Snapchat sur Android, l'ado est dégoûté, l'ado est énervé, l'ado souffre. Il a le seum, alors arrêtez, c'est grave !

J'AVOUE

#5

Même quand on ne lui demande rien, l'ado avoue.

PREUVE QU'IL A DES TRUCS À CACHER CE PETIT SALIGAUD.

FAITES LE TEST DE LA JEUNESSE

Si l'individu en face de vous répond à au moins 6 des 12 critères suivants, vous êtes probablement en présence d'un ado.

IL (ELLE) EST CAPABLE DE PRONONCER UNE PHRASE EN PARCOURANT PLUSIEURS OCTAVES

(CRITÈRE PARTICULIÈREMENT VÉRIFIABLE CHEZ LES SPÉCIMENS MÂLES)

IL (ELLE) NE SENT PAS FORCÉMENT TRÈS BON

CERTAINES PARTIES DE SON ANATOMIE

– COMME LES PIEDS, LE NEZ OU LES OREILLES -

SEMBLENT DISPROPORTIONNÉES PAR RAPPORT AU RESTE DU CORPS

IL (ELLE) NE RÉPOND PAS À LA QUESTION QUE VOUS VENEZ DE LUI POSER

IL (ELLE) NE RÉPOND PAS À LA QUESTION QUE VOUS VENEZ À NOUVEAU DE LUI POSER

IL (ELLE) NE RÉPOND TOUJOURS PAS
À LA QUESTION QUE VOUS VENEZ DE LUI POSER
POUR LA DERNIÈRE FOIS

IL (ELLE) SEMBLE SOUFFRIR
DE NARCOLEPSIE

IL (ELLE) POSSÈDE UNE EXCROISSANCE
PLATE ET RECTANGULAIRE DANS LA PAUME
D'UNE MAIN

LORSQU'IL (ELLE) DÉCIDE DE PORTER
UNE TENUE ÉLÉGANTE, IL (ELLE) ENFILE UN JOGGING

SA VUE EST TRÈS FAIBLE.
SON CHAMP DE VISION NE VA GÉNÉRALEMENT
PAS AU-DELÀ DE SON NOMBRIL

AU CONTACT D'UN SPÉCIMEN DE SEXE OPPOSÉ,
IL (ELLE) PERD SOUVENT CONNAISSANCE

(IL SE PEUT AUSSI QU'IL FUIT POUR MARQUER SON ATTIRANCE)

SON ÉTAT PSYCHIQUE EN 1 MINUTE
PEUT VARIER DE « DÉCOUVERTE DE DIEU »
À « FIN DU MONDE »

L'ÉTONNANT

Observez attentivement le jeune dans son milieu naturel. Comme les grands fauves, il y passe le plus clair de son temps et son visage affiche quasi constamment cette même et unique expression.

De nombreuses études ont été menées dans le but d'expliquer ce que les scientifiques ont baptisé « syndrome Snapchat ». Un bref instant de lucidité **...**

PHÉNOMÈNE

HAT

Pourtant en de rares moments, l'adolescent(e) sort de sa léthargie une fraction de seconde et arbore une expression mutine-à-bouche-de-canard (dite « Duckface ») ou lèvres-entrouvertes-laissant-apparaître-un-peu-les-dents (dite « Fish Gape »).

... durant lequel le jeune se montre spontanément capable d'entrer en relation avec ses congénères. Dans quel but ? On l'ignore encore mais ce phénomène est aussi étonnant que fascinant.

UN

TH
UG

#6

Historiquement, un thug était un membre d'une secte indienne qui pratiquait le vol et le meurtre avec strangulation. Chouette ! Mais si l'ado en face de vous se vante d'être un thug, n'appelez pas les forces de police tout de suite. **Il est simplement en train de se frapper le poitrail comme un gorille en se faisant passer pour un dur.**

B

G

#7

Cf. « askip »

Prononcer « beau gosse » dans son intégralité étant physiquement inconcevable chez ces gens, ils lui préfèrent « BG ».

BANDIDOS

#8

Le bandido est un BG – un beau gosse, donc – mais avec une particularité : il vient du far west. La diligence devant le lycée, c'est à lui.

HEY GROS

#9

La particularité physique de l'ado, c'est qu'il est en surcharge pondéral mais ça ne se voit pas forcément à l'œil nu. C'est en tout cas la seule explication plausible qui traduirait cette manie de s'appeler « gros » entre eux.

Un terme visiblement affectif.

METTRE UNE DIS QUET TE

#10

Il n’est pas exclu que l’ado veuille vous mettre une disquette. Auquel cas, ne cherchez pas votre IBM pour lui permettre de l’enfiler, « mettre une disquette » étant **synonyme d’arnaquer**.

DIEUX ET CROYANCES

L'ado a sa religion propre composée de divinités aux fonctions bien précises. Il peut même en prier plusieurs en même temps. Qui sont-elles ?

LE DIEU DE LA PUNCHLINE

- **AUTRES NOMS :** BOOBA, KAARIS, NEKFEU, ORELSAN, GUIZMO…
- **ACTIVITÉS PRINCIPALES :** DIEU DU SON, DES QUARTIERS, DE L'EXPRESSION ORALE ET DU CLASH
- **SYMBOLE :** N'IMPORTE QUEL TEXTILE À SON EFFIGIE
- **LIEU DE CULTE :** LA RUE
- **INCANTATIONS :** « OUAIS GROS » OU « HEIN, HEIN »

LE DIEU DU FACE CAMÉRA

- **AUTRE NOM :** YOUTUBEUR
- **ACTIVITÉS PRINCIPALES :** DIEU DE LA VANNE, DU TUTO, DU GLITCH (TRICHE DANS LE JEU VIDÉO)
- **SYMBOLE :** UN POUCE (LEVÉ OU BAISSÉ)
- **LIEU DE CULTE :** EN PAGE D'ACCUEIL
- **INCANTATIONS :** « SALUT, ON SE RETROUVE AUJOURD'HUI POUR UNE NOUVELLE VIDÉO… » OU « SI VOUS AVEZ AIMÉ CETTE VIDÉO, N'OUBLIEZ PAS DE LA LIKER OU DE VOUS ABONNER À MA CHAÎNE. »

LE DIEU DE L'ANCIEN MONDE

- **AUTRES NOMS :** CYRIL HANOUNA, ENORA MALAGRÉ, CAMILLE COMBALE
- **ACTIVITÉS PRINCIPALES :** DIEU DE LA TÉLÉVISION ET DU DIVERTISSEMENT HORS WI-FI ET 4G
- **SYMBOLE :** LE TRUC CARRÉ AU FOND DU SALON
- **LIEU DE CULTE :** DANS UN POSTE DE TÉLÉVISION
- **INCANTATIONS :** « BON BAH METS LA TÉLÉ... », « ELLE EST OÙ LA TÉLÉCOMMANDE ? »

LE DIEU DU STADE

- **AUTRES NOMS :** LIONEL MESSI, CRISTIANO RONALDO, ZLATAN IBRAHIMOVIC...
- **ACTIVITÉ PRINCIPALE :** DIEU DU SPORT ET DE L'ARGENT
- **SYMBOLE :** UN BALLON
- **LIEUX DE CULTE :** UN STADE, FIFA OU BEIN SPORT
- **INCANTATION :** « AU PRIX OÙ T'ES PAYÉ ! »

LE DIEU DE LA KILLCAM

- **AUTRES NOMS :** CALL OF, BLACK OPS
- **ACTIVITÉS PRINCIPALES :** DIEU DE LA MORT, DE LA GUERRE, DU FPS ET DU SALON
- **SYMBOLE :** XP
- **LIEUX DE CULTE :** LE SALON, LA CHAMBRE
- **INCANTATIONS :** « CLUTCH » OU « J'AI LA KILLCAM »

LE DIEU DE LA MASSE

- **AUTRES NOMS :** BATMAN, SUPERMAN, AVENGERS, DEADPOOL, LES GARDIENS DE LA GALAXIE, CAPTAIN AMERICA, IRON MAN...
- **ACTIVITÉ PRINCIPALE :** DIEU DU DIVERTISSEMENT
- **SYMBOLE :** UN POP-CORN
- **LIEU DE CULTE :** UNE SALLE OBSCURE
- **INCANTATIONS :** « TROP FORT », « EN VRAI, C'EST LEQUEL LE PLUS FORT ? »

LE DIEU DU GRAS

- **AUTRES NOMS :** KEBAB, KFC, BURGER KING, MCDO
- **ACTIVITÉ PRINCIPALE :** DIEU DES VICTUAILLES
- **SYMBOLE :** UN CLOWN
- **LIEU DE CULTE :** UNE CAFET' AVEC DE L'HUILE SUR LES MURS
- **INCANTATIONS :** « SAUCE SAMOURAÏ », « AVEC POTATOES », « VOUS AVEZ DU COCA ZÉRO ? BON, BAH UN PEPSI MAX »

LE DIEU DU SWAG

- **AUTRES NOMS :** NABILLA, KIM KARDASHIAN, LES CH'TIS, LES MARSEILLAIS...
- **ACTIVITÉ PRINCIPALE :** DIEU DU RIEN
- **SYMBOLE :** LOANA, LEUR MÈRE À TOUS
- **LIEU DE CULTE :** N'IMPORTE OÙ DU MOMENT QUE QUELQU'UN FILME
- **INCANTATIONS :** « ALLÔ », « ELLE PASSE DU SMILE AU DESMILE. C'EST LA DÉCATOMBE »

FAIRE UN TÊTE À TÊTE

#11

Si un spécimen ado vous propose un tête-à-tête, la meilleure réaction est de lui griffer le visage sans sommation. Il n'a en effet aucune intention de vous proposer un rendez-vous en amoureux derrière cette **expression qui invite à la bagarre**.

YO

“ YOU ONLY LIVE ONCE ”

#12

L'ado a beau être obnubilé par la customisation de ses Stan Smith, et mourrait pour quelques likes sur son Instagram, il n'en demeure pas moins philosophe et a fait de **Yolo (on ne vit qu'une fois)** une de ses expressions favorites. **Avant on disait Carpe Diem.**

CHILLER

#13

Chiller ou accessoirement la raison de vivre de l'ensemble du peuple ado. **De l'anglais *to chill*, prendre du bon temps, chiller consiste simplement à croûter, à ne rien faire.** Selon leur croyance, quand les jeunes meurent, ils vont au Chili.

ÊTRE EN BAD

#14

Contraire d'être en Haude
(cette blague vous a été présentée par l'association française de défense des calembours. Ne pas utiliser sur un individu de moins de 35 ans).

BG

LE

DÉCLASSÉS

PEUFRA

BOLOSS

VIEUX

#15

L'adolescence est une société organisée en castes. À son sommet des « BG qui ont le swag », des spécimens « déclassés », des élites « peufra » et à sa base, dans le « ghetto », **la lie de cette jeune humanité, les intouchables, les sans dents… les boloss.** Et juste en dessous des boloss, enterrés au sous-sol, on trouve les vieux [+ de 25 ans].

BESOIN DE COMMUNIQUER PAR SMS AVEC UN ADO ?

Attention, ce type d'exercice nécessite un minimum de connaissances orthographiques.

Avant d'entrer en contact, assimilez les bases suivantes :

RÈGLE NUMÉRO 1

LE JEUNE N'A PAS LE TEMPS ALORS IL ABRÈGE... NOTAMMENT LES MOTS

salut : **slt** • quelque chose/quelqu'un : **qch/qn**
pourquoi : **pq** (attention à ne pas confondre)
beaucoup : **bcp** • c'est-à-dire : **cad**
pour : **pr** • tout : **tt** • longtemps : **lgtps**
réponds, s'il te plaît : **rstp** • je t'adore : **jtdr**

RÈGLE NUMÉRO 2

LE JEUNE CROIT CE QU'IL ENTEND. IL L'ÉCRIT AUSSI

elle : **L** • aime : **M** • c'est, ces : **C**
j'ai : **G** • des : **D** • tu es : **T**
acheter : **HT** • j'y vais : **JV**
casser : **KC** • j'ai la haine : **GLaN**

RÈGLE NUMÉRO 3

LE CHIFFRE DEVIENT LETTRE

je vi1 2 = je viens de
tu vas réu6r = tu vas réussir
il tadi 2 = il t'a dit de
koi 2 9 = quoi de neuf
2m1/@2m1 = demain/à demain
b1sur = bien sûr
1110 = un indice
7am = cet après-midi

RÈGLE NUMÉRO 4

L'ÉMOTICÔNE
N'EST PAS UN GROS MOT

AZY

#16

Longtemps, il a été « zyva » mais il s'est remis sur le droit chemin et a perdu son « v » en route. **« Azy » ou le descendant de « vas-y »…** N'empêche qu'on ne sait toujours pas où !

FAIRE CRARI

#17

À l'entendre comme ça, on croirait cette expression héritée d'une allocution assez peu française, à savoir « il fait croire... ».

Et puisqu'elle signifie « faire semblant, faire croire que... », on a presque envie d'y croire à cette théorie très fumeuse.

ET

B

#18

Descendant de **« dans ta gueule ! »**.
Court, efficace.

M

C'EST DAR

#19

Adjectif qui pique… ou pas. Selon le contexte, **quelque chose de « dar » est fondamentalement cool ou foncièrement pourri.** Réfléchissez-y à deux fois avant de remercier celui ou celle qui vous taxe de « dar ». Adoptez une attitude neutre et retirez-vous avec souplesse.

BALEC
BAT
LES
COUILLES

#20

D'abord aperçu sur Internet, **balec** est passé dans le langage courant… Et pour cause, il s'agit d'un **acronyme de « on s'en bat les couilles »**. Et « s'en foutre » est l'autre religion du jeune après « chiller ». Parfois il mélange les deux dans des messes nihilistes vouées au dieu Rien… Bref, il ne fait rien en s'en foutant complètement.

AVANT

Et si le jeune d'aujourd'hui n'était
De celui qu'on rencontrait dans les années 1980 par exemple ?

IL (ELLE) PORTAIT DES **STAN SMITH**

IL (ELLE) ÉCOUTAIT DE LA MUSIQUE TOUT SEUL
DANS SON COIN AVEC UN **GROS CASQUE ORANGE**

IL (ELLE) CROÛTAIT DES HEURES DEVANT LA **TÉLÉ**

IL JOUAIT AU **FOOT**

IL (ELLE) ADORAIT **L'OVERBOARD DE MARTY MCFLY**
DANS *RETOUR VERS LE FUTUR 2*

IL (ELLE) PORTAIT DES JEANS **NEIGE**
ET DES T-SHIRT **FIDO DIDO**

IL (ELLE) ÉCOUTAIT LES **RADIOS LIBRES**

IL (ELLE) ATTENDAIT LE PROCHAIN ÉPISODE
DE **LA GUERRE DES ÉTOILES** AVEC IMPATIENCE

IL (ELLE) RÊVAIT DE LIBERTÉ ULTIME SUR UN **103 SP**

MAINTENANT

pas si différent du jeune d'avant ?

La preuve avec ce tableau de concordance des temps.

IL (ELLE) PORTE DES **STAN SMITH**

IL (ELLE) ÉCOUTE DE LA MUSIQUE TOUT SEUL
DANS SON COIN AVEC UN **GROS CASQUE ROUGE ET NOIR**

IL (ELLE) CROÛTE DES HEURES DEVANT **YOUTUBE**

IL JOUE AU **FOOT**… ET VEUT DEVENIR PROFESSIONNEL
POUR GAGNER « MASSE DE THUNES »

IL (ELLE) A UN **OVERBOARD PRESQUE COMME MARTY MCFLY** MAIS IGNORE
TOTALEMENT L'EXISTENCE DE *RETOUR VERS LE FUTUR 1, 2 OU 3*

IL (ELLE) PORTE DES JEANS **NEIGE** MAIS **FIDO DIDO**
FALLAIT VRAIMENT QUE ÇA CESSE !

IL EST LIBRE D'ÉCOUTER ABSOLUMENT
CE QU'IL VEUT SUR **INTERNET**

IL (ELLE) ATTEND LE PROCHAIN ÉPISODE
DE **LA GUERRE DES ÉTOILES** AVEC IMPATIENCE

IL (ELLE) RÊVE DE LIBERTÉ ULTIME SUR UN **TYPHOON 50**

ON N'ATTRAPE PAS LES MOUCHES AVEC DU VINAIGRE

Mais les ados eux, pour les attraper
vous pouvez essayer.

LE BURGER

CELUI D'UNE GRANDE ENSEIGNE,
BIEN GRAS ET BOURRÉ DE PERTURBATEURS
ENDOCRINIENS.

LE COOKIE

DE PRÉFÉRENCE CELUI EN SANDWICH AMÉRICAIN
À L'INTÉRIEUR BLANC DONT ON NE CITERA
PAS LA MARQUE, MAIS SI VOUS CHERCHEZ BIEN
VOUS DEVRIEZ TROUVER !

LA PIZZA

ÉVITEZ SIMPLEMENT DE PRÉCISER
QUE LA SAUCE EST À BASE DE TOMATE,
ÇA POURRAIT LES EFFRAYER.

LE GREC

AVEC UNE VIANDE D'ORIGINE
TOTALEMENT INCONNUE
DE PRÉFÉRENCE.

LES LÉGUMES

ON NE SAIT JAMAIS SUR UN MALENTENDU,
MAIS NE VOUS FAITES PAS TROP
D'ILLUSIONS.

LE POULET

ATTENTION PAS N'IMPORTE LEQUEL,
CELUI QUI A PASSÉ SA VIE ENTIÈRE
SANS JAMAIS VOIR NI LE JOUR NI L'AIR LIBRE
ET POUR QUI, FINIR FRIT DANS UNE BOÎTE ROUGE
CONSTITUE UNE FORME DE LIBÉRATION.
LE JEUNE PEUT SE NOURRIR
AVEC UNE CERTAINE CONSCIENCE.

#hashtag

#jecpapkjékrisa

#21

L'adolescent est né et a grandi avec le réseau social et ses codes, alors forcément il parle comme une page d'accueil de Twitter et colle des hashtags à chaque fin de phrase. Pour quelle raison ? Assigner des métadonnées à l'information qu'il diffuse et décrire ainsi une caractéristique supplémentaire de cette information ce qui va permettre un regroupement facile des informations contenant le même type d'information. Normal.

C'EST

TR

#22

Quand le corps et l’esprit ne sont qu’une gigantesque marmite à hormones, tout prend des proportions faramineuses. **Tout est « trop » même rien peut être de trop d’où le « trop pas ».** Vous suivez ou c’est trop compliqué ?

OP

SE FAIRE UN GIF

#23

Au XXe siècle, l'individu pubère rêvait en « se faisant des films » dans sa tête. Révolution technologique oblige, au XXIe siècle, son descendant se fait des **gif**, soit des **petites animations répétées en boucle dans son crâne à mèche.** Un peu comme si son imaginaire était un gigantesque tumblr. (Ah oui, pardon ! Tumblr est un réseau social).

STAIVE

C'EST LA VIE

#24

Prononcez « sta » (contraction de « c'est ta ») et « ive » (verlan de « vie ») et vous comprendrez alors que celui qui vous interrompt d'un « staive », tient absolument à vous faire comprendre qu'il se fout de ce que vous êtes en train de lui raconter.

ÊTRE PERCHÉ

#25

Se dit de quelqu'un à l'ouest qui a opéré un déplacement vers le haut. Sa situation géographique a évolué, sa situation mentale, non.

LE LOOK

COMMENT RECONNAÎTRE UN SPÉCIMEN DE TYPE MÂLE ?

TÊTE

CASQUETTES, BONNET DE NAIN OU DE NUIT, SAC-POUBELLE EN LAINE ET À PEU PRÈS N'IMPORTE QUOI QUI LE COUPE DU MONDE EXTÉRIEUR

CHEVEUX

LONGS, MÉCHÉS

T-SHIRT

COLORÉ... LA CONTEMPLATION PROLONGÉE PEUT D'AILLEURS PROVOQUER UNE CONJONCTIVITE

CHEMISE

RARES ET TOUJOURS BOUTONNÉES
JUSQU'EN HAUT

VESTES/BLOUSONS

PARKA DE TRAPPEUR CANADIEN
ALORS QUE LES TEMPÉRATURES LES PLUS BASSES
DE SON MILIEU NATUREL DESCENDENT
TRÈS RAREMENT EN DESSOUS DE ZÉRO.
LE JEUNE EST ÂPREMENT FRILEUX.

PANTALONS/JEANS

S'IL N'AVAIT PAS UN TROU À CHAQUE GENOU
ON POURRAIT LE CONFONDRE AVEC UN BAS
DE CONTENTION TELLEMENT IL COLLE.
LE TROQUE VOLONTIERS CONTRE UN JOGGING

BASKETS

SALES... MÊME NEUVES, C'EST UNE RÈGLE

LE LOOK

COMMENT RECONNAÎTRE UN SPÉCIMEN DE TYPE FEMELLE ?

TÊTE

ELLE ARBORE PARFOIS FIÈREMENT UN BONNET QUI POINTE VERS LE CIEL. C'EST POÉTIQUE... UN PEU GROTESQUE AUSSI.

CHEVEUX

TRÈS LONGS, DOMPTÉS, ET PRINCIPAL SIGNE DE DISTINCTION PAR RAPPORT AU SPÉCIMEN MÂLE

T-SHIRT

JAMAIS... ELLES NE PORTENT QUE DES TOPS

CHEMISE

CF. T-SHIRT

PERFECTO

L'ADOLESCENCE EST L'ÂGE DE LA RÉBELLION ET LE PERFECTO EST SON ARMURE. MAIS ÇA, ON S'EN FOUT ! C'EST JUSTE TROP STYLÉ !

PANTALONS/JEANS

LÀ ENCORE LA FEMELLE PEUT SE DISTINGUER GRÂCE À UNE SPÉCIFICITÉ TYPIQUEMENT FÉMININE : LE LEGGING

BASKETS

HEUREUSEMENT. ELLE A LE TEMPS AVANT DE S'INFLIGER LES SOUFFRANCES PÉDESTRES DE LA FEMELLE ADULTE

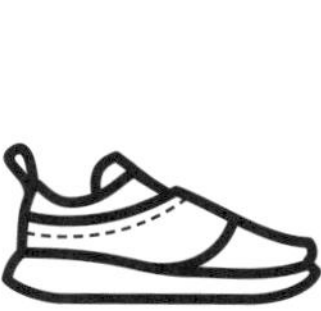

FAIS PAS TON KEVIN

#26

Au royaume de l'ado, il existe une légende, celle de Kévin. Kévin est le plus stupide et immature spécimen de l'espèce. Un individu d'une débilité profonde dont le contact peut causer la dégénérescence du plus brillant des esprits. **Traiter quelqu'un de Kévin, c'est le maudire jusqu'à l'âge adulte (bref l'éternité).**

JE SUIS EN MODE…

#27

Être « à la mode » était un objectif du siècle passé. **Être « en mode » est un état du siècle présent. Le jeune ne fait pas, il se met en mode de faire.** Il est une machine programmable déjà consciente de son obsolescence programmée.

ÇA PASSE CRÈME

#28

Vous : « Ce sandwich parisien est délicieux ma chérie. »
Eux : « Ce p'tit grec y passe crème meuf. »

C'EST

#29

Attention faux ami ! Ce qui est « fat » n'est pas « gros ».
Ce qui est « fat » est « lourd ». Et quand c'est du lourd, c'est du bon.

OKLM

AU CALME

#30

Symbole de la religion du jeune. L'OKLM initié par le dieu Booba est le but ultime de tous les adeptes... **Être tranquille, au calme alias OKLM.** Un ado au calme est facilement reconnaissable au mantra qu'il éructe de sa voix à sept octaves et qui dit : « Je suis poseeeyyyyy. »

CAS PRATIQUE

Vous êtes fou et avez décidé de créer du lien avec un jeune et d'aborder ZE sujet de conversation : les réseaux sociaux. Bon le problème est que pour vous, Facebook s'écrit en français et en deux mots. Voici un Top & Flop en la matière que vous devriez peut-être consulter avant de vous lancer et savoir un peu mieux de quoi vous parlez.

FACEBOOK : FLOP

PARCE QUE C'EST UN RÉSEAU DE PERSONNES ÂGÉES. POUR RAPPEL : DANS UN MONDE D'ADO, LA VIEILLESSE COMMENCE VERS 25 ANS. À ÉVITER.

GEOCITIES : TOP

PARCE QU'AU-DELÀ D'UN CERTAIN ÂGE, LE VIEUX SE TRANSFORME EN VINTAGE ET DEVIENT COOL. GEOCITIES EST L'UN DES TOUT PREMIERS RÉSEAUX SOCIAUX ET DATE DE 1994.
À CITER AVEC UNE CERTAINE NOSTALGIE.

PERISCOPE : TOP

PARCE QU'UNE ÉMISSION EN DIRECT QUI PEUT NE JAMAIS S'ARRÊTER ET DONT L'ADO EST LE SUJET PRINCIPAL, CONSTITUE UNE ESPÈCE DE NIRVANA SOCIAL POUR CE NOMBRIL SUR PIED.

INSTAGRAM : TOP

PARCE QUE ÇA N'A RIEN À VOIR AVEC 750 GRAMMES, ON Y TROUVE CERTES DES PHOTOS DE NOURRITURE MAIS AUSSI DES FEMMES PAS TRÈS VÊTUES DANS LEUR SALLE DE BAINS.

COPAINS D'AVANT : ULTRA FLOP

PARCE QUE SI FACEBOOK EST UN RÉSEAU DE PERSONNES ÂGÉES, COPAIN D'AVANT EST UN SITE TROGLODYTE DANS LEQUEL SE RETROUVENT LES PREMIERS HOMMES.

SNAPCHAT : TOP

CF. L'ÉTONNANT PHÉNOMÈNE.

YOUTUBE : TOP

PARCE QU'IL SUFFIT DE VOUS IMAGINER SANS TÉLÉ POUR COMPRENDRE CE QUE SERAIT UNE VIE DE JEUNE SANS YOUTUBE.

LINKEDIN : FLOP

PARCE QUE POUR CET INDIVIDU NÉ DANS LA CRISE ET LE CHÔMAGE, DONT L'AVENIR EST AUSSI CLAIR QU'UNE VOIE DE MÉTRO ENTRE DEUX STATIONS, UN RÉSEAU SOCIAL PROFESSIONNEL, C'EST DU SPARADRAP SUR LA GANGRÈNE. IL EST JEUNE, PAS IDIOT.

VIADEO : FLOP

CF. LINKEDIN.

TWITCH : TOP DU TOP

PARCE QUE SUR CE RÉSEAU SE PASSENT DES CHOSES TRÈS BIZARRES. RASSUREZ-VOUS CE N'EST QUE DU JEU VIDÉO.

4CHAN : TOP DU TOP

PARCE QUE SUR CE RÉSEAU SE PASSENT DES CHOSES ENCORE PLUS BIZARRES QUE SUR TWITCH...

TWITTER : TOP

PARCE QU'EN 140 SIGNES L'ADO ÉCRIT UN ROMAN.

HASSOUL

#31

L'ado est une créature internationale. Anglais, arabe, gitan, patois régional… sa langue est celle de la mixité. **Hassoul, par exemple, est un mot d'origine arabe qui veut dire « bref »**, pratique pour passer d'un sujet à l'autre sans autre transition. Attention à ne pas le confondre avec son presque homophone anglais *asshole*… Ça fait désordre.

T'ES UN

DALLEUX

#32

Pour comprendre le double sens de « dalleux », pensez à un naufragé. Il meurt de faim et sa vie sexuelle équivaut à celle d'un coquillage.

GAVA

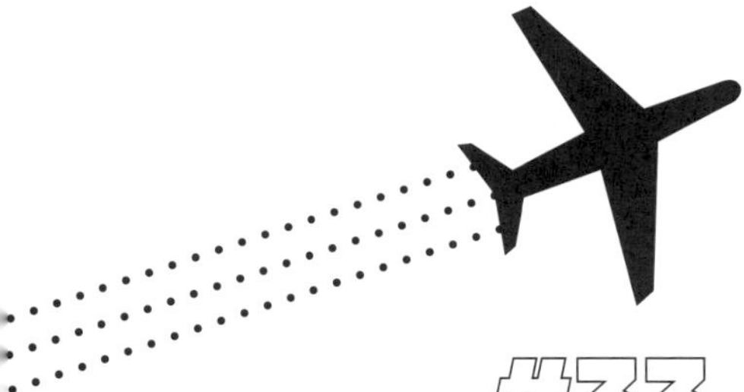

#33

Quelle probabilité y avait-il pour que vous parliez un jour le javanais ? 1/10 000 000 000. La voici : **Gava = « Mon gars » en javanais.**
On voyage.

ELLE EST PEUFRA

#34

En matière de séduction, moins l'ado mâle se fait comprendre, plus il a de chances de conquérir un spécimen du sexe opposé. Par exemple, dans le cadre d'une tentative d'approche par le verbe, il interpellera sa cible via un « hey, t'es peufra », ce qui dans la plupart des tribus, correspond au **niveau le plus élevé de bogossitude**. La femelle est donc instantanément séduite et s'offre au mâle sans aucune autre forme de résistance.

ÊTRE

GHE

TTO

#35

Tout ce qui affiche un indice de coolitude négatif porte le sceau honteux de « ghetto ». La personne la mieux placée pour témoigner de ce qu'implique une vie « ghetto » est sans doute le boloss. Si vous en croisez un, n'hésitez pas à l'interroger sur le sujet. Il sera ravi que quelqu'un lui adresse la parole. Veillez toutefois à ne pas vous faire voir en sa compagnie.

EXERCICES

KIFFER EN

Reliez chaque expression « jeune » à son équivalent français :

Y'A DE QUOI S'ENJAILLER VU SON SWAG... 1

ASKIP TA COPINE EST PEUFRA ? 2

TU FAIS CRARI T'AS DES LOVÉS MAIS EN VRAI T'ES GHETTO 3

SA VA GAVA ? 4

TES POMPES GROS, ELLES SONT DAR 5

AZY LE BOLOSS ON S'EN BALEC DE TES PROBLÈMES 6

NON MAIS TOI, TU T'ES TROP FAIT UN GIF 7

J'AI LE SEUM, LE GARS IL M'A TROP SPOILÉ 8

J'AVOUE T'ES TROP BG 9

IL A TROP FAIT SON KEVIN, #JEMECASSE 10

TRAVAILLANT

- A **IL FAUT RECONNAÎTRE QUE VOS HISTOIRES PERSONNELLES M'INDIFFÈRENT COMPLÈTEMENT**
- B **COMMENT ALLEZ-VOUS MON CHER AMI ?**
- C **À SON NIVEAU D'EXCELLENCE, IL Y A DE QUOI SE RÉJOUIR**
- D **FORCE EST DE CONSTATER QUE JE RESSENS UNE CERTAINE ATTIRANCE POUR VOUS**
- E **ON DIT DE VOTRE AMOUREUSE QU'ELLE EST DE TOUTE BEAUTÉ**
- F **VOUS CHOISISSEZ VOS SOULIERS AVEC UN BON GOÛT CERTAIN**
- G **IL ME SEMBLE QUE VOUS ÊTES DANS L'ILLUSION LA PLUS TOTALE**
- H **JE SUIS PASSABLEMENT AGACÉ DEPUIS QU'IL M'A RÉVÉLÉ LA FIN DE L'INTRIGUE**
- I **SA BÊTISE M'INSUPPORTE AU POINT QUE JE PRÉFÈRE PRENDRE CONGÉ**
- J **ÊTES-VOUS VRAIMENT CETTE PERSONNE FORTUNÉE QUE VOUS PRÉTENDEZ ÊTRE ? J'EN DOUTE !**

1/C • 2/E • 3/J • 4/B • 5/F • 6/A • 7/G • 8/H • 9/D • 10/I

EXERCICES

KIFFER EN

Placez les mots suivants dans la bonne phrase pour retrouver l'expression « jeune » qui convient :

ZEUB, TÊTE-À-TÊTE, OKLM, DISQUETTE, HASSOUL, CRÈME, GEEKÉ, BIM, THUG, BIEN

1. ET .... , TU L'AS PAS VOLÉ CELLE-LÀ !

2. .... , ON VA PAS Y PASSER LA JOURNÉE.

3. T'INQUIÈTE, SAPÉ COMME ÇA TU PASSES ....

4. MES DEVOIRS, JE LES FAIS À LA ....

TRAVAILLANT

5. VIENS, ON VA SE METTRE ....

6. J'AI .... TOUTE LA JOURNÉE GROS.

7. JE VAIS LUI METTRE UNE .... EN S'CRET.

8. JE SUIS EN MODE TRANQUILLE, ...

9. ME CHERCHE PAS GROS, JE SUIS UN ....

10. C'EST CHAUD,
ÇA VA SE FINIR EN ....

1. BIM • 2. HASSOUL • 3. CRÈME • 4. ZEUB • 5. BIEN • 6. GEEKÉ
• 7. DISQUETTE • 8. OKLM • 9. THUG • 10. TÊTE-À-TÊTE

À LA...

#36

Forme adverbiale qui équivaut
à nos adverbes chiants.
À la bien : commodément
À la dure : laborieusement
À la one again : péremptoirement
À la fresh : flegmatiquement
À la zeub : négligemment

PRE
LA CON

IDRE FIANCE

#37

Celle des autres se gagne. La sienne se prend. Chez le jeune, **la prise de confiance excessive augmente les risques de tarte dans la gueule.**

BIFF& LOVE

#38

Monnaies officielles
de l'adolescence.

C'EST GÂTÉ!

C'EST GÂTÉ!
C'EST GÂTÉ!

#39

Littéralement altéré par la putréfaction.

Bref, c'est tout pourri.

DANS LE GA

#40

« La vie est un jeu (game) dont chacun veut être le roi et éviter l'échec. Ou tu es dedans ou tu es un pion, alors passe ton tour. » Un petit « peura » (rap) à base de punchlines (rimes accrocheuses) pourra peut-être vous aider à vous faire accepter. En revanche le « yo » et la casquette à l'envers sont à proscrire.

ME

GEEKER

#41

Quand il fait autre chose que rien en s'en foutant royalement (cf. : **balec**), **le jeune peut aussi « geeker » à savoir qu'il ne fait rien en s'en foutant royalement mais avec une manette de console dans la main** (PS4 de préférence. La Xbox, c'est boloss).

DTC

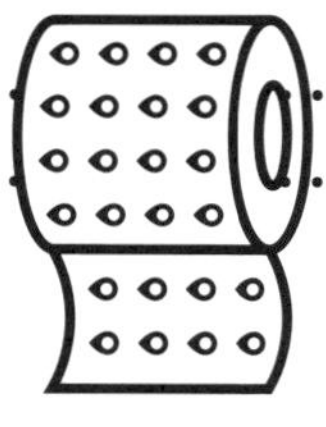

#42

« Dans ton cul »

Bon à savoir : évitez de poser la moindre question dont la réponse serait un lieu.

JE M’ENJAILLE

#43

Je m'enjaille
Tu t'enjailles
Il s'enjaille
Nous nous enjaillons
Vous vous enjaillez
Ils s'enjaillent

Verbe pronominal décrivant le sommet de la jouissance, la façon ultime de se mettre bien.

EN S'CRET

SOUM

#44

Le jeune est un individu sournois dont une partie de l'activité est illicite. **C'est pourquoi il agit en s'cret (en secret) et dirige des opérations en soum-soum** (en sous-marin comme dit le FBI).
La vie du jeune est passionnante.

OILER

#45

Avant le meurtre avec violence ou le port d'une veste à franges, la pire chose au monde qu'un individu puisse infliger à un autre, c'est de lui **raconter la fin**... Forcément, on finit par celle-là.

SPO

CARNET

Parce que la langue du jeune évolue en permanence, ce livre est loin d'être fini. Il reste encore des choses à écrire.

Merci à Sailor Leblay Kuhn, Ethan Blanchard, Fabio et Manuela Rizzo, Daniel Fernandes, Clothilde et Elvire Jeausserand, Laura Gellé, Gwenaëlle Langlais et Mélanie Carpentier

Textes : David Kuhn et Violette Duplessier
Direction artistique : Charlie Chofflet

Imprimerie CHIRAT - 42540 Saint-Just-la-Pendue
Achevé d'imprimer en juin 2016
Dépôt légal : mai 2016 - N° 201605.0397

Imprimé en France